CAMPAGNE DE 1870-71

Armée de Sédan. — Armée de la Loire.

RAPPORT GÉNÉRAL

DU

DR STANISLAS PIOTROWSKI

**Membre du Conseil et du Comité médical
de la Société de Secours aux Blessés des armées de terre et de mer,**

Chirurgien en chef de la 6ᵉ Ambulance
attachée au grand quartier général de l'armée
du maréchal de Mac-Mahon.

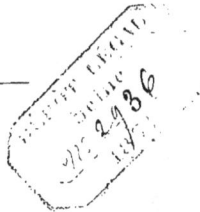

PARIS

IMPRIMERIE CENTRALE DES CHEMINS DE FER

A. CHAIX & Cⁱᵉ

RUE BERGÈRE, 20, PRÈS DU BOULEVARD MONTMARTRE.

1871

A

MONSIEUR LE COMTE DE FLAVIGNY

PRÉSIDENT DU CONSEIL

De la Société de Secours aux Blessés militaires

DES ARMÉES DE TERRE ET DE MER

A MESSIEURS

Le Docteur NELATON, Membre du Conseil et Président du Comité médical de la Société ;

Et le Docteur CHENU, Membre du Conseil, Vice-Président du Comité médical et Directeur-Inspecteur général du personnel médical de la Société.

HOMMAGE RESPECTUEUX.

RAPPORT GÉNÉRAL

MONSIEUR LE PRÉSIDENT,

La haute confiance dont vous m'avez honoré en m'appelant, dès le début de la guerre, aux fonctions de membre du Comité médical de la Société de Secours aux Blessés militaires, et en m'envoyant ensuite à un poste d'honneur dans l'armée du Rhin, m'a imposé le devoir de faire tout mon possible pour m'en rendre digne. Je viens aujourd'hui vous rendre compte de mes travaux et de mes efforts dans l'accomplissement de ma mission humanitaire.

Je ne vous parlerai cependant pas de la première période de ma collaboration à l'œuvre commune, période qui s'est écoulée sous vos yeux à Paris ; je me bornerai à un exposé succint de la seconde, celle qui a eu successivement pour théâtres les champs de bataille de l'armée du Rhin et de l'armée de la Loire.

Mon rapport se divisera donc en deux parties :

La première comprendra l'histoire du service de campagne de

2

la 6me Ambulance, attachée au grand quartier général de l'armée du maréchal de Mac-Mahon, ainsi que l'ensemble des mesures générales que j'ai dû prendre, comme membre du Conseil de notre Société, pour la coordination des diverses branches du service médical, si complexe dans les circonstances où il a été appelé à fonctionner.

Dans la deuxième, j'exposerai ma part de labeur durant les sanglants combats livrés par l'armée de la Loire, du 3 au 15 décembre.

J'ajouterai enfin, comme conclusion, le plan de réorganisation du service de santé adapté aux exigences des guerres actuelles, que j'ai eu l'honneur de présenter au Gouvernement de la Défense nationale, lorsque, après mon arrestation et mon élargissement par les Prussiens, je me suis trouvé rejeté jusqu'à Bordeaux.

PREMIÈRE PARTIE

Dès le commencement de la guerre, le Conseil de la Société me réservait la direction des Ambulances qui devaient suivre l'escadre. Après les désastres de Frœschwiller et de Wœrth, cette destination fut changée. Le Conseil m'avait confié la direction de la 6me Ambulance de terre, et le 23 août je rejoignis l'armée active à Reims, où M. de Montbrison, délégué de la Société, qui m'avait devancé au camp, m'apprit que nous étions attachés au grand quartier général du maréchal de Mac-Mahon. Depuis ce jour, nous avons suivi l'armée dans toutes ses marches et contre-marches, partageant toutes ses épreuves.

Ma première préoccupation fut de me rendre un compte exact des devoirs du service médical dans les circonstances où nous nous trouvions. La nécessité de compléter notre œuvre par l'organisation, à proximité du théâtre de la guerre, d'un service complémentaire de postes d'évacuation, m'a immédiatement paru d'une haute importance. Je vous en fis part, Monsieur le Président, dans deux rapports successifs, expédiés, l'un de Bazancourt, l'autre de Réthel. L'urgence de ce service s'est fait sentir surtout à cause de l'énorme quantité de malades et d'estropiés qui embarrassaient les mouvements de l'armée, sans que personne s'occupât de leur sort.

J'ai tout de suite pourvu à cette situation, autant que possible, en organisant avec les forces locales que je rencontrais sur mon chemin, des ambulances sédentaires. Convaincu pourtant que mes seuls efforts étaient bien loin de suffire à une si lourde tâche, je vous ai adressé, M. le Président, dans deux rapports, un projet général relatif à l'organisation de ces postes d'évacuation. Ces deux rapports sont les seuls dont les copies se soient égarées. Le 27 août nous quittions Réthel pour Attigny. Ici, comme du reste tout le long de la route, la population nous fit l'accueil le plus cordial ; le nouveau drapeau des ambulances fut partout chaleureusement acclamé. Le lendemain, après avoir créé à Attigny avec le Dr Lesueur, conseiller général et maire de la localité, une ambulance sédentaire, nous nous rendîmes, par Charbogne et Montgon, au Chêne-Populeux, où nous trouvâmes beaucoup d'estropiés et de malades typhiques et dyssentériques. Leur nombre nous força à y organiser aussi un service local. Le 29, en marchant de Raucourt à Mouzon, à la suite du grand quartier général de l'armée, nous entendîmes, vers midi, une vive canonnade du côté de Beaumont qui se trouvait à 4 ou 5 kilomètres de distance. C'était, comme nous le sûmes plus tard, le commencement de ce drame sanglant dont le dénouement fut l'horrible catastrophe de Sédan.

Le même jour, vers midi, nous entrions dans Mouzon, où nous rencontrâmes la 2me Ambulance, attachée au 12e corps d'armée, qui nous y avait précédés de quelques instants. Le grand quartier général s'était établi sur la colline qui domine la ville. Le bruit du combat s'approchait de plus en plus. J'envoyai M. le Marquis de Varenne, fourier de l'ambulance, auprès du chef d'état-major général, pour recevoir ses ordres. On m'invita à aller prendre position dans les premières lignes, sur le lieu même du combat. Je laissai donc trois escouades divisionnaires de mon ambulance dans la plaine, au bas de la ville, et me rendis avec la quatrième (chirurgien Labbé), en compagnie de M. de Montbrison, dans la direction de Beaumont. Sur les hauteurs qui se trouvent entre Beaumont et Mouzon nous dûmes fonctionner pendant près d'une heure sous un feu très-nourri de tirailleurs. Bientôt, nos premières lignes étant enfoncées, je fus forcé de me replier avec les blessés vers les autres sections de mon ambulance. L'ennemi nous poursuivait toujours et il nous fallut continuer notre retraite sous son feu pendant 2 kilomètres, en suivant le cours de la Meuse dans la direction de Rouffy-Autrecourt. M. de Montbrison et plusieurs de nos hommes durent même traverser la rivière à la nage, et nous ne les retrouvâmes qu'à Sédan. Etant enfin parvenu à Rouffy, je résolus de m'y installer, vu le grand nombre de blessés qui ne cessaient de nous arriver de tous les côtés. Avant que nous eussions le *temps de planter* nos drapeaux, l'ennemi commença à nous bombarder. Quatre obus furent lancés contre la maison où je me trouvais, avec le corps médical, à faire les premières opérations. Une grange voisine prit feu. Dans cette circonstance périlleuse, je n'eus qu'à me louer de tout mon personnel. Un des chirurgiens, M. le Dr Roaldes, le sergent-major Delcambre et le caporal Ciszkiewicz se distinguèrent ici tout particulièrement par leur sang-froid et leur courage. Le premier se chargea de la mission dangereuse d'arborer notre drapeau sur le toit de la maison, ce qui fit cesser instantanément le feu contre elle. Nous n'eûmes d'autre victime qu'un seul homme légèrement blessé par un éclat d'obus.

Bientôt notre armée, reculant toujours, et l'ennemi ne cessant de la poursuivre, nous nous trouvâmes en plein dans les lignes prussiennes. Il était alors environ six heures du soir, et

3

la bataille touchait à sa fin. Les blessés affluaient toujours en grand nombre, et malgré la fatigue et la nuit tombante, les pansements et les opérations suivirent leur cours. A dix heures du soir, je reçus la visite d'un médecin prussien qui m'amena une trentaine de blessés allemands, et me prévint qu'il y avait sur les hauteurs de Mouzon beaucoup de blessés non encore relevés. Je m'y rendis immédiatement avec une escouade divisionnaire, accompagné de deux chirurgiens prussiens qui m'aidèrent à faire explorer tout le champ de bataille. Cette besogne nous prit toute la nuit.

En rentrant à l'ambulance, vers quatre heures du matin, j'y trouvai tout le personnel encore sur pied, chacun à son poste, malgré les rudes fatigues et les pénibles impressions de la journée. Nos aumôniers catholiques et protestants rivalisaient de zèle avec le personnel médical ; ils prodiguaient aux blessés les consolations de la religion et raffermissaient le courage de ceux qui succombaient sous le poids de la souffrance et des douleurs. Je crois de mon devoir de citer ici les noms des RR. PP. Adolphe Perraud et Lescœur, oratoriens, qui ont été toujours admirables de zèle pour nos blessés, et nous ont soutenus par leurs sages conseils, leur exemple et leur active collaboration. Le R. P. Perraud paya même de sa santé cette pénible campagne, et ne put continuer, après Sédan, son ministère auprès de nos ambulances. Je suis particulièrement heureux de saisir cette occasion de lui donner une preuve de ma profonde admiration pour son infatiguable dévouement.

Le lendemain, 31 août, le prince de Plesse, directeur des ambulances allemandes, vint me voir et visita les blessés allemands qui se trouvaient dans mon ambulance, au nombre de 120. Il m'autorisa, par écrit, à faire toutes les réquisitions nécessaires auprès de l'intendance allemande, permission dont je n'eus pas à faire usage. Pourtant, ces relations une fois établies avec les médecins allemands, j'en profitai le lendemain pour obtenir des laissez-passer des autorités prussiennes, afin de traverser leurs lignes vers Rémilly et Bazeilles, où se trouvait le centre de l'action la plus sanglante, et où je me rendis avec l'escouade divisionnaire, Besnier ayant laissé les trois autres à Autrecourt.

A Bazeilles, nous passâmes toute la nuit à explorer le champ de bataille fort étendu, et à relever les blessés, dont le nombre était considérable.

Nous eûmes aussi le bonheur de retirer des maisons en flammes un certain nombre de blessés appartenant au corps de l'infanterie de marine, qui avait si héroïquement donné dans la journée.

Les ambulances bavaroises qui fonctionnaient à côté de nous étaient irritées au dernier point contre notre armée, dont elles avaient essuyé le feu. Je leur représentai que nous avions éprouvé la veille le même sort de la part des Allemands, et je parvins à apaiser leur colère. J'eus en même temps l'occasion de me convaincre qu'elles prodiguaient leurs soins aussi bien aux Français qu'aux Allemands.

Le lendemain, je procédai à l'organisation définitive du service médical. Après avoir installé une ambulance divisionnaire à Rémilly-Bazeilles, sous la direction du Dr Besnier, et deux autres à Rouffy-Autrecourt, sous les ordres des docteurs Fernet et Chantreuil, je me rendis avec l'escouade Labbé au faubourg Balan, qui avait été le centre de l'action dans la triste journée de Sédan. Après avoir occupé une certaine partie des maisons abandonnées par leurs habitants, j'y établis le quartier général de tout mon service.

La capitulation du 2 septembre jeta la plus grande confusion dans tout le camp français. Ce ne fut que deux jours plus tard, lorsque notre armée prisonnière fut internée dans la presqu'île de Glaire, que nous pûmes pourvoir aux soins que réclamaient 7 à 8,000 blessés amassés à Sédan et aux environs. — La direction principale de ce service se composait de l'intendant général, M. Uhrich, de l'intendant, M. Vigo-Roussillon, et de M. le Dr Maunier, qui me firent l'honneur de m'adjoindre à eux ; nous nous mîmes immédiatement à l'œuvre.

D'un autre côté, M. le colonel Huber-Saladin, M. de Montbrison, le prince de Sagan, le duc de Fitz-James et M. Montagnac se concertèrent pour renouveler le matériel épuisé des 2ᵉ, 4ᵉ, 5ᵉ et 6ᵉ Ambulances, les seules qui eussent fonctionné depuis Beaumont jusqu'à Sédan, et qui, vu le grand nombre de pansements qu'elles avaient eu à faire, manquaient complétement des choses les plus indispensables. — Par leur concours et au moyen d'achats directs que nous pûmes faire à Bouillon, ville frontière de Belgique, nous pûmes nous ravitailler.

Nos premiers efforts tendirent à l'évacuation immédiate des blessés susceptibles d'être transportés, mesure urgente et commandée par plusieurs raisons capitales. L'encombrement des blessés, surtout dans la ville de Sédan et dans ses faubourgs, où leur nombre s'élevait, d'après les rapports officiels, au chiffre de près de 8,000 ; un sol jonché de près de 6,000 cadavres humains et de 4 à 5,000 cadavres de chevaux, devaient infailliblement provoquer toutes sortes d'épidémies et compromettre d'une façon grave, non-seulement le résultat des opérations chirurgicales, mais la santé générale de l'armée et des populations.

L'intendant général Uhrich prit donc l'initiative de s'adresser aux autorités prussiennes pour obtenir une convention qui nous permît d'évacuer nos blessés. Le soin d'entamer cette négociation me fut confié, à cause de mes relations antérieures avec le prince de Plesse. Le colonel Huber de Saladin, de son côté, s'adressa au général Stein, avec lequel le liaient des relations de camaraderie. — Le résultat de nos démarches fut des plus satisfaisants. Nous obtînmes l'autorisation d'évacuer vers l'intérieur de la France tous ceux de nos blessés dont l'état ne permettait pas de présumer qu'ils pussent reprendre du service avant trois mois. Par conséquent, les blessés de cette catégorie, cessant d'être comptés parmi les prisonniers de guerre, recouvraient leur pleine et entière liberté. — Il est juste d'ajouter que l'application des clauses de cette convention fut tellement large que nous pûmes évacuer presque tous nos blessés. — Ce résultat est dû en partie au comte de Malzam, de l'ordre de Saint-Jean, chargé par le gouvernement prussien, après le départ du prince de Plesse, de la direction du service sanitaire auxiliaire, et qui ne fut guidé dans cette circonstance que par les plus louables sentiments d'humanité.

D'après une des clauses de cette convention, les Prussiens s'engagèrent à ne point attaquer Mézières, pendant tout le temps que durerait l'évacuation, afin que nous pussions utiliser le seul chemin de fer qui fût resté à notre portée. L'intendant général Uhrich s'empressa de transmettre des instructions conformes à Mézières et sur toutes les lignes du Nord, et nous commençâmes à évacuer tous nos blessés dans cette direction. Le sous-intendant Bonaventure se distingua spécialement dans l'organisation de ce service, par une activité et un zèle au-dessus de tout éloge.

Presque en même temps arrivèrent à Sédan deux délégués belges, avec mandat de la Société de secours et du Gouvernement belges, nous offrant d'évacuer une partie de nos blessés sur la Belgique, où les attendait un accueil des plus humains et des plus hospitaliers.

Ayant ainsi satisfait aux nécessités urgentes du moment, en

4

ce qui concernait les blessés, nous dirigeâmes notre sollicitude du côté des prisonniers valides enfermés dans la presqu'île de Glaire. Des nouvelles alarmantes sur leur situation nous arrivaient du camp. Je m'y rendis avec plusieurs médecins. Un spectacle navrant s'offrit à nos yeux.

Dans un espace restreint, entouré d'eau et jonché de cadavres de chevaux, se trouvait toute une armée affamée, exposée à des pluies incessantes et à un froid extraordinaire, attendant, depuis plusieurs jours, d'être expédiée en Allemagne par groupes de mille hommes. Presque tous étaient atteints d'un commencement de fièvre et de dyssenterie. Je crus devoir y installer un service médical, et je disposai, en faveur de ces malheureux, de tout le pain que je pouvais tirer de nos approvisionnements, sans compromettre les besoins des blessés. M. de Montbrison et le marquis de Varennes se vouèrent surtout à l'accomplissement de cette douloureuse mission, qui continua pendant une huitaine de jours, jusqu'à ce que l'armée captive prit la route de l'exil !

J'avais donc à Sédan un service embrassant l'ensemble des soins à donner aux blessés, et la direction de mon ambulance partagée en quatre sections divisionnaires, distantes de cinq à six kilomètres les unes des autres, et ayant soigné 663 blessés, dont la liste, avec les résultats médicaux obtenus, est annexée au présent rapport. (Documents nos 1, 2, 3, 4.)

Pour le service général, une Commission centrale fut composée de MM. de Senne, Monot et de Montagnac, sous ma présidence. Grâce à leur concours des plus actifs, un magasin central de toutes sortes d'approvisionnements fut fondé et de nombreux secours qui nous furent envoyés de la Belgique, et surtout du Comité central de Londres, représenté à Sedan par son secrétaire général, le capitaine Brankenbury, purent être distribuées entre toutes les ambulances présentes sur les lieux, selon les besoins; M. de Senne fut l'administrateur général de ce magasin. Les procès-verbaux des travaux de cette Commission se trouvent aux annexes. (Documents n° 5.)

Afin de coordonner les mesures concernant le service général de onze ambulances qui se trouvaient à Sédan et aux environs, leurs chirurgiens en chef se réunissaient tous les huit jours à Sédan en conseil, à la présidence duquel je fus appelé par leurs suffrages. Les procès-verbaux de ces séances forment aussi une annexe aux documents. (Documents n° 6.)

C'est aussi la Commission centrale qui organisa le poste d'évacuation à Donchery, confié à M. le docteur Davilla, qui s'acquitta de ce devoir à la satisfaction générale.

La plus stricte impartialité me commande de rendre un éclatant hommage à M. l'Intendant général Uhrich, qui, malgré les difficultés de la situation, sut imprimer un cachet d'ensemble à tous nos efforts en les centralisant et en définissant très-souvent la tâche de chacun de nous. L'ordre et l'harmonie d'action qui s'établirent partout dans notre service, grâce à son initiative et à son esprit conciliant, ses conseils éclairés et les mesures intelligentes qu'il nous fit prendre, contribuèrent principalement à assurer à notre campagne médicale de très-heureux résultats, malgré l'insuffisance de l'organisation générale de nos ambulances. Nous pûmes ainsi rendre des services d'autant plus utiles que les ambulances militaires proprement dites se trouvaient en pleine désorganisation.

Le rapport spécial de l'Intendant général au Ministre de la guerre constate que, sur 11 à 12,000 blessés que reçurent les ambulances après les batailles de Beaumont, de Mouzon, de Bazeilles et de Sédan, 9/10 furent rétablis. La perte ne fut donc que de 10 pour 100, tandis que notre illustre collègue, M. le docteur Chenu, nous donne, dans son savant ouvrage sur les guerres de Crimée et d'Italie, une moyenne de pertes de 25 à 30 pour 100.

Ce progrès énorme et inattendu dans la diminution des cas de mortalité est dû, selon moi, principalement à trois causes :

1° Au prompt enlèvement des blessés des champs de bataille ;

2° A leur dissémination sur une vaste étendue pendant tout le temps de leur traitement, ce qui nécessite surtout un nombreux personnel médical ;

3° Aux évacuations faites en temps opportun et dans les meilleures conditions possibles de transport.

Cette moyenne n'est que générale pour toutes les ambulances prises ensemble. Elle varie pour chaque ambulance séparément, selon qu'elle se conformait plus ou moins strictement aux trois conditions principales que je viens d'énumérer.

Quant à la 6ᵉ Ambulance, dont j'avais la direction, elle a eu, outre les légers pansements faits sur le champ de bataille, un service de 663 blessés, chiffre qui se décompose ainsi qu'il suit :

	BLESSÉS		MORTS	
	FRANÇAIS	PRUSSIENS	FRANÇAIS	PRUSSIENS
Section de Rouffy-Autrecourt. .	141	56	16	4
— de Torcy	174	»	7	»
— de Remilly	121	9	16	»
— de Balan	151	»	17	»
— de l'Algérie.	11	»	»	»
Sommes. . . .	598	65	56	4

TOTAL : sur 663 blessés 60 morts,

moyenne de 9 pour 100 environ, les autres blessés étant complétement guéris ou en état d'être évacués, sans préjudice pour leur santé (1).

Quant à la question financière, le 6ᵉ Ambulance, partie de Paris le 23 août, a dépensé jusqu'au 15 octobre, pour les 663 blessés, la solde et la nourriture du personnel, composée de 29 officiers et 32 infirmiers et cochers, l'entretien de 12 chevaux et du matériel, la somme de 33,500 francs. — Si l'on prend seulement une moyenne de quinze jours de soins donnés à chaque blessé et qu'on évalue leur dépense à 2 francs par jour et par personne, prix alloué par l'État pour chaque journée de malade à l'hôpital, dans des circonstances ordinaires, on aura d'un côté une somme de 19,890 francs dépensée exclusivement pour les blessés, de l'autre une somme de 13,610 francs de frais généraux pour toute l'ambulance.

Le rapport de mon chef comptable et les factures furent contrôlés à la fin de la campagne, par une Commission que je nommai *ad hoc*. Ces documents se trouvent actuellement au contrôle général de la Société.

Vers la fin de septembre, lorsque le nombre de blessés diminuait chaque jour, grâce aux évacuations régulières, arriva un des membres de la délégation de Bruxelles, M. le comte de Rohan-Chabot, qui m'annonça que le Conseil de Paris avait transmis, à cause du blocus, ses pouvoirs à M. le colonel Huber-Saladin et à quelques autres personnes. Toutes les ambulances, excepté la mienne, la 9ᵉ et la 10ᵉ s'étant déjà liquidées et dirigées vers l'armée de la Loire, qui était alors en voie de formation, je profitai du dernier convoi de blessés qui se rendait en Belgique pour m'y rendre aussi, afin de voir le colo-

(1) Les listes des blessés composent les Documents nᵒˢ 1, 2, 3, 4.

5

nel Huber-Saladin et de recevoir ses instructions. Je le trouvai dans une disposition d'esprit fort perplexe. Il m'exprima d'abord l'idée que, dans l'incertitude et la possibilité de la continuation de la guerre et en présence de l'épuisement complet des ressources pécuniaires, il croyait que le meilleur parti à prendre serait peut-être de procéder, sans attendre plus longtemps, à la liquidation et la dissolution de toutes les ambulances.

Je lui fis observer que cette mesure ne pourrait s'accomplir, vu que les chirurgiens en chef et le personnel médical s'y opposeraient tant qu'ils croiraient pouvoir continuer utilement leur mission; que, d'un autre côté, la plupart des ambulances étant déjà reparties vers différents champs de bataille, il était presque impossible de suspendre leurs services.

Quant aux ressources financières, je l'informai qu'ayant encore à Sédan fait part au capitaine Brankenbury de mes craintes à ce sujet, j'avais reçu de lui l'assurance qu'il userait en notre faveur des fonds que pourrait mettre à sa disposition le Comité de Londres. J'appris alors la présence à Bruxelles du capitaine Brankenbury, et je me rendis chez lui pour lui rappeler sa gracieuse promesse. Il me confirma son intention de nous venir en aide dans des conditions déterminées, et me pria de lui présenter un plan d'organisation de nos ambulances, adapté au nouveau caractère que prenait la guerre. Je le lui ai remis le lendemain, et j'en donnai un autre exemplaire au colonel Huber-Saladin. Voici ce plan :

Exposé général du plan de réorganisation des Ambulances, adapté aux circonstances actuelles, fait à Bruxelles.

L'organisation des ambulances telle qu'elle existe a été faite en vue des besoins des champs de bataille. L'expérience a démontré que cette organisation a pleinement rempli son but. Chaque corps d'armée était pourvu d'une ambulance dont les cadres avaient été constitués en raison des nécessités du corps d'armée lui-même. Mais le défaut d'organisation générale vient surtout de la non-formation des dépôts et d'un service chirurgical sédentaire destiné à recevoir les évacuations des ambulances mobiles. Les événements de Sédan ont permis à nos ambulances d'accomplir une double mission : celle du champ de bataille et celle d'un service régulier de soins consécutifs jusqu'à l'évacuation. L'initiative de la Commission formée à Sédan nous a permis de donner des soins utiles aux 11 ou 12,000 blessés qui encombraient la ville et ses environs, et de terminer notre mission par une évacuation complète.

Maintenant qu'il ne reste aucune armée régulièrement organisée, et que la guerre paraît s'étendre sur différents points, nous aurons à explorer non plus un champ de bataille, mais peut-être tous les points de la France. Il semble donc raisonnable de réorganiser nos ambulances pour les adapter au but nouveau. Deux points sont maintenant acquis par la première partie de la campagne : *Pas de ravitaillement facile, et trop grande centralisation du corps médical.* Il nous faut donc créer des centres de ravitaillement et disperser le corps médical ainsi que les secours qu'il apporte avec lui.

La base de la réorganisation que je propose est donc la formation de dépôts principaux, contenant vivres, médicaments et accessoires divers. — A chacun d'eux serait attaché un nombre de médecins déterminé, faisant partie de nos ambulances et dont le but serait d'éclairer les environs, pour se rendre compte des nécessités et veiller ainsi à la distribution logique des secours concentrés au dépôt.

Ces médecins, rayonnant dans un espace qui peut être très-étendu, trouveront, d'après nos renseignements, des ambulances sédentaires établies dans de nombreuses localités et pourront leur prêter un utile concours en les ravitaillant. Les ambulances créées par prévision, et non encore occupées, pourront servir de relais au matériel du dépôt central et devenir plus tard des points d'évacuation.

Les centres de ravitaillement pourront se transporter sur de nouveaux points désignés selon les besoins. Les escouades chirurgicales pourront se fractionner, s'il y a lieu, pour donner des soins aux blessés dépourvus de secours.

Le capitaine Brankenbury trouva ce plan conforme aux besoins de la situation, et après des pourparlers avec le colonel Huber-Saladin, il lui remit la somme de 100,000 francs, et fit organiser tout de suite des dépôts anglais dans les principaux centres, où on pouvait plus ou moins prévoir des actions militaires. — C'est de là que datent les dépôts d'Amiens et de Tours, qui furent on ne peut mieux approvisionnés et qui rendirent d'immenses services à nos pauvres blessés.

La délégation de Bruxelles, une fois en possession des fonds nécessaires, procéda à la réorganisation de trois ambulances qui se trouvaient encore à Sédan. Tout en conservant intégralement le corps médical qui les composait, elle fit licencier les infirmiers et ne garda que les cochers, indispensables pour soigner les chevaux et conduire le matériel. — Elle divisa chaque grande ambulance en plusieurs petites, avec un nombre suffisant de médecins, mais un matériel roulant fort incomplet (1). Chacune de ces divisions reçut la somme nécessaire et l'indication de la destination vers laquelle elle devait se rendre. — Je fis de même pour mon ambulance en la divisant en deux fractions. Je confiai la direction de l'une d'elles à M. le Dr Labbé, un des chirurgiens les plus distingués de la 6e Ambulance, avec mission de rejoindre l'armée de la Loire, et me rendis avec la 2e à Amiens, pour y faire le service de l'armée du Nord, qui était alors en formation.

Mais avant de quitter définitivement Sédan, et pour me prémunir contre les bruits malveillants qui commençaient déjà à circuler sur le compte de quelques autres ambulances, je crus utile de faire constater par une enquête la bonne conduite du personnel de mon ambulance. — Les maires de Rouffy-Autre-

---

(1) M. Waill, un des membres de la 6e Ambulance, aida la délégation dans ce travail de réorganisation, et fut attaché ensuite à titre de délégué.

court, de Remilly-Bazeilles et de Balan m'envoyèrent des adresses de remercîments pour la conduite de la 6e Ambulance qui, outre son service de blessés, avait soigné, surtout à Remilly, bon nombre d'habitants atteints de dyssenterie, de variole et autres maladies contagieuses; à Balan, nous avions pu nourrir toute la population, victime des horreurs de la guerre, sans abris et privés de tous moyens d'existence. Ils me confirmèrent aussi dans leurs lettres qu'ils n'avaient qu'à se louer de la manière dont les comptables de l'ambulance avaient réglé les comptes avec tous les fournisseurs. (Annexe 6, Documents nos 7, 8 et 9.)

Quant à moi personnellement, Monsieur le Président, j'eus le bonheur de recevoir d'un homme de bien, qui m'a vu jour et nuit à l'œuvre dans les circonstances les plus difficiles, la lettre suivante que je tiens à honneur de publier :

MINISTÈRE DE LA GUERRE

COMITÉ PERMANENT

D'ADMINISTRATION

Sédan, le 10 octobre 1870.

Monsieur le Docteur,

Vous avez été si bienveillant, si parfait pour nos pauvres blessés, comme Docteur et comme Directeur des Ambulances françaises ; vous avez prêté un concours si actif, si éclairé et si utile, que je ne voudrais, à aucun prix, vous laisser partir de Sédan sans vous adresser et mes remerciments et mes adieux les plus cordiaux.

Recevez les uns et les autres, Monsieur le Docteur, comme étant l'expression de mes sentiments particuliers de reconnaissance et de haute estime,

Et veuillez me croire votre bien dévoué serviteur.

Signé : *l'Intendant général*, E. UHRICH.

DEUXIÈME PARTIE

————

Parti le 15 octobre de Bruxelles pour Amiens, avec une fraction de mon ambulance, composée uniquement du corps médical et de deux voitures contenant le matériel, je trouvai à mon
arrivée dans cette ville un accueil très-hospitalier. Le dépôt
anglais y était déjà constitué sous la direction des colonels
Berington et Cox. Il contenait des approvisionnements de tout
genre, distribués parmi les blessés de Sédan, en convalescence
dans les hôpitaux d'Amiens, avec une largesse vraiment
anglaise.

Toutes nos armées de province n'étant alors qu'en voie
de formation, il était encore difficile de déterminer celle qui
la première allait rentrer en lice contre l'ennemi qui assiégeait
la capitale. Je résolus donc de m'arrêter à Amiens, dans l'espoir
que mon ambulance pourrait être utilisée par l'armée qui se
formait dans les départements du Nord, sous les ordres du
général Bourbaki.

Mais jusqu'au 15 novembre il ne se livra qu'un petit combat,
auquel j'assistai avec mon ambulance, à Formerie, entre

Amiens et Rouen, et à la suite duquel nous n'eûmes en tout que 20 blessés.

Vers ce temps, les événements militaires commencèrent à se dessiner plus nettement du côté de la Loire, où la bataille dé Coulmiers et la reprise d'Orléans par le général d'Aurelles de Paladines indiquaient clairement que ces contrées allaient devenir le théâtre d'une série d'actions de première importance.

Mon inactivité me pesant beaucoup, le 15 novembre je quittai Amiens et me dirigeai vers l'armée de la Loire, où se trouvait déjà la seconde partie de mon ancienne ambulance, sous la direction du docteur Labbé. Quant à la fraction qui était avec moi et qui, manquant de matériel roulant suffisant, était plus apte à faire un service sédentaire que le service volant de campagne, je la laissai à Amiens, sous les ordres du docteur Béniers, après en avoir averti préalablement le colonel Huber-Saladin. Elle a pu rendre plus tard des services aux blessés provenant de combats livrés par le général Faidherbes.

J'arrivai le 25 novembre à Tours, où je rencontrai M. le vicomte de Flavigny, délégué principal de notre Société, et M. le marquis de Villeneuve. L'un et l'autre s'occupaient de préparer des ambulances sédentaires et d'établir des postes d'évacuation dont l'expérience acquise dans notre campagne précédente nous fit reconnaître toute l'importance. La prompte organisation de ces différentes branches de service sanitaire était de toute nécessité; car on s'attendait d'un jour à l'autre à une action importante sur toutes nos lignes de défense et surtout du côté d'Orléans, où, par suite de la capitulation de Metz, les Prussiens purent renforcer l'armée du général Von der Thann par l'armée du prince Frédéric-Charles qui s'y rendait des bords de la Moselle à marches forcées.

En effet, quelques jours après, le général d'Aurelles de

Paladines, dont les avant-postes s'étendaient jusqu'à Montargis et Pithiviers, reçut l'ordre d'attaquer les lignes de l'ennemi pour se frayer le passage jusqu'à l'armée de Paris, qu'on supposait se trouver déjà à Longjumeau, après les sorties tentées par les généraux Trochu et Ducrot, les 29 et 30 novembre, vers Epinay, Choisy, Hay et Champigny.

Le 1er décembre, l'action fut engagée sur toutes nos lignes, de Toury jusqu'aux environs de Châteaudun, et marquée par les batailles de Villepion, Pathay (2 décembre), Arthenay et Chilleurs-sur-Bois (3 décembre).

A la nouvelle de ces combats, je me rendis en toute hâte dans la direction d'Orléans, et je rejoignis notre armée au moment où, après avoir évacué cette ville, elle se retirait vers Meung, en disputant pied à pied le terrain à l'ennemi, malgré la débandade des 15e et 16e corps et les rudes épreuves de quatre journées précédentes.

Le nombre de blessés y était énorme et s'augmentait d'heure en heure avec une rapidité surprenante. Tout se trouvait dans un désarroi complet, et le mouvement de retraite de l'armée aggravait les difficultés de la situation. Les ambulances militaires proprement dites n'existaient plus que de nom, et quelques chirurgiens militaires que je rencontrai ne savaient à qui offrir leurs services. Trois de nos ambulances qui étaient attachées à l'armée de la Loire (la 4e, du Dr Pamard, la 5e, du Dr Trélat, et la fraction de la 6e, dirigée par le Dr Labbé) durent rester dans les lignes prussiennes, à cause du grand nombre de blessés qu'elles eurent à soigner après les combats de Pathay et d'Arthenay. Les deux autres : la 3e, du docteur Ledentu, et la 7e, du Dr Desprès, demeurées dans les lignes françaises, étaient bien loin de suffire aux nécessités du moment, malgré le zèle et le dévouement de tout leur personnel.

Le parti qui s'imposait était l'évacuation à tout prix du plus grand nombre de blessés sur Blois et de là sur Tours. J'entrepris cette tâche et, après avoir réuni quelques médecins, je parvins, non sans des efforts inouïs, à organiser un premier service à cet effet.

Voulant le compléter et lui imprimer autant d'ordre et de régularité que le permettaient les événements, je me rendis à Blois pour y établir le principal relai de ce service. Je trouvai une collaboration fort active de la part du Comité départemental de Blois, qui délégua deux de ses membres : MM. Bailly et Lénormand de Grandcourt, pour me seconder. Nous y établîmes bientôt les principales bases du service d'évacuation. (Documents n° 10.)

Pendant ce temps, l'ambulance Desprès s'établissait définitivement à Beaugency, où elle eut un nombre énorme de blessés à soigner dans les conditions les plus défavorables. Celle du docteur Ledentu vint, en suivant le mouvement de retraite de l'armée, s'établir au château de Blois, et je lui renvoyai tous les blessés dont l'état ne permettait pas le transport au loin. Ils y furent bientôt au nombre de plus de 1000, placés relativement dans de bonnes conditions. Quant à ceux dont les blessures étaient moins graves, ils furent évacués sur Tours.

Mais, malgré tous nos efforts, ce service se fit dans les conditions les plus déplorables. Nous étions forcés de transporter nos blessés, par un froid de 15 degrés, dans des wagons qui n'étaient nullement préparés pour cet usage. Il fallait entasser les blessés les uns sur les autres, couverts encore de sang coagulé et de boue, à peine pansés, ne conservant que quelques lambeaux de leurs uniformes, sans la moindre alimentation pour la route. Ils voyageaient ainsi jusqu'à Tours, pendant des journées entières, à cause de l'encombrement de la ligne, et arrivaient à la gare gelés, meurtris, exténués par la fatigue et la famine !..

Avec les membres du Comité de Blois, nous tâchâmes de remédier à ce déplorable état de choses, autant qu'il nous fut possible, en organisant une grande ambulance à la gare de Blois et en l'approvisionnant de manière à pouvoir distribuer un peu de nourriture à ceux des blessés qui en avaient le plus besoin. Cette ambulance fut desservie par un médecin major, les membres du Comité de Blois, les sœurs de charité de Bordeaux et un père capucin, supérieur de Besançon. Toutes ces personnes ont accompli leur pénible devoir avec un zèle digne des plus grands éloges.

C'est ainsi qu'en redoublant nos efforts, nous pûmes évacuer tant bien que mal plus de 2,000 blessés durant les sanglants combats qui se sont livrés entre Orléans et Blois, du 3 au 15 décembre.

Prévoyant que nous allions être enveloppés d'un moment à l'autre par l'ennemi, ce qui nous coupait toute communication avec notre centre de ravitaillement à Tours, je m'y rendis avec un des derniers convois pour concerter mon action avec celle du vicomte de Flavigny, et lui demander l'envoi immédiat du matériel en linge, médicaments, effets de pansement, etc., qui nous manquaient absolument.

A mon arrivée, je trouvai cet homme de bien, auquel tout le monde rend un éclatant hommage, à la gare, où il se tenait jour et nuit, entouré des membres de sa famille et de son personnel, occupé à recevoir nos blessés affamés et à moitié gelés, qu'il faisait d'abord nourrir, réchauffer et panser à nouveau, pour envoyer ensuite les uns aux ambulances sédentaires de Tours, les autres en Bretagne ou dans le midi de la France. La manière dont il accomplissait ces devoirs, sans être même secondé par aucun service officiel, lui a conquis l'estime sincère de tous ceux qui l'ont vu et admiré à l'œuvre, et je suis heureux que les circonstances m'aient permis d'être de ce nombre.

M. le vicomte de Flavigny me remit 10,000 francs, dont 5 pour l'ambulance Ledentu et 5 pour le Comité départemental de Blois, et il expédia tout de suite plusieurs caisses de matériel pour l'ambulance de la gare.

Le lendemain, à mon retour à Blois, les Prussiens occupaient déjà un de ses faubourgs, situé sur l'autre rive de la Loire. On fit sauter une partie de l'unique pont qui joignait les deux rives, et nos canons braqués dans sa direction empêchaient toute tentative de passage.

Les Prussiens étaient en train de parlementer avec les autorités locales, dans le but d'obtenir l'évacuation de la ville par nos troupes, en menaçant de la bombarder dans le cas contraire. Mais le général de Chanzy, qui faisait alors sa retraite sur le Mans, ayant ordonné au commandant de nos forces à Blois d'y arrêter l'ennemi pendant un certain temps, au prix même des plus grands sacrifices, nous dûmes rester deux jours sous la menace continuelle des canons prussiens. Impatientés, ils finirent par nous envoyer quelques décharges de mousqueterie et plusieurs obus qui, tout en produisant une grande panique parmi la population, ne firent heureusement que quelques victimes.

Enfin, la manœuvre de l'armée de la Loire s'étant terminée, nos troupes évacuèrent la ville et les Prussiens l'occupèrent le 15 décembre, en nous enfermant ainsi dans leurs lignes.

La ville de Blois contenait plus de 1,000 blessés qui furent installés au château, à l'ambulance de la gare (200 lits) à l'hôpital et dans tous les établissements ecclésiastiques. Le service médical, composé de la 3e ambulance et de tous les médecins de la ville, s'y faisait avec beaucoup de régularité. Le Comité départemental, avec les autorités locales, pourvoyaient à leur entretien. A Mer, il en resta près de 200. Ils n'étaient soignés que par deux médecins civils de la localité et les frères de l'Ecole chrétienne, et il y avait un manque complet de tout. A Beaugency, le docteur Desprès faisait des prodiges d'énergie et d'activité pour subvenir aux besoins de 1,500 blessés, chiffre énorme pour le petit personnel de son ambulance (1).

Tout le pays fut réduit à l'épuisement le plus affreux, par le passage de deux armées de plusieurs centaines de mille hommes chacune, qui se disputèrent pendant dix jours chaque pouce de ce malheureux territoire. Le peu de pain qui y resta après le passage de notre armée fut immédiatement absorbé par l'ennemi affamé, et le manque de vivres fut tel que les mairies étaient littéralement assiégées par des habitants, réclamant un morceau de pain pour leurs enfants qui se mouraient d'inanition.

Dans cet état de choses, la situation de nos blessés fut on ne peut plus affreuse. Il fallait, avant tout, songer à les sauver de la mort par la famine, il fallait leur assurer ensuite les soins qu'exigeait leur état.

Je me rendis donc d'abord, en compagnie du maire de Beaugency, auprès des autorités prussiennes, qui, accédant à notre demande, mirent à la disposition exclusive du service des blessés deux boulangeries sur huit qui se trouvaient dans cette ville ; j'y établis ensuite, au presbytère, un dépôt de matériel, sous la direction de M. le curé-doyen Piau, et je fis venir de Blois, dont le personnel plus nombreux le permettait, les sœurs de charité de Bordeaux et le père capucin supérieur

---

(1) L'Ambulance marseillaise, sous la direction du D' Picard, se trouvait aussi dans ces environs et elle donnait des soins à plus de 200 blessés.

de Besançon, auquel je confiai la mission de parcourir les petites ambulances disséminées en très-grand nombre dans les environs et de leur porter les secours que contenait le dépôt. (Documents nº 12.) Un des membres du Comité de Blois, M. Bailly, m'accompagna dans toutes mes tournées. Mais ces mesures étaient encore fort insuffisantes.

Le dépôt de Beaugency, qui ne contenait que le matériel envoyé de Tours, s'épuisant rapidement, je me rendis à Orléans, dans l'espoir d'y trouver de quoi le ravitailler, les communications avec Tours étant interceptées par suite de l'occupation de Blois par les Prussiens.

A Orléans, le nombre des blessés s'élevait au chiffre de 5 à 6,000, d'après le rapport officiel de M. de Cappe, le seul intendant qui fût resté dans les lignes ennemies. Les différentes ambulances, avec leur nombreux personnel, s'étant massées toutes dans cette ville, le service hospitalier se faisait avec plus de régularité. L'Ambulance anglo-américaine, dirigée par le Dr Pradt, successeur du Dr Sims, se signalait surtout ici, de même qu'à Sédan, par les excellents services qu'elle rendait et par les nombreuses ressources de matériel dont elle disposait, grâce au Comité de Londres, qui ne cessait de la ravitailler. Mais ici, comme partout ailleurs, les ressources d'alimentation furent insuffisantes, bien que les hommes de cœur, à la tête desquels se trouvait Mgr Dupanloup, s'efforçassent d'y suppléer par tous les moyens.

Cet illustre prélat, gardé presque à vue par l'ennemi, à cause de son ardent patriotisme, faisait tous les efforts pour rendre plus supportable la situation de nos blessés, à la disposition desquels il mit tous les établissements ecclésiastiques et les ressources dont il pouvait disposer.

Outre les blessés, la ville fut remplie par un grand nombre

de malades typhiques, dyssentériques et surtout varioleux. Ces malades se trouvaient ici comme à Mer, Beaugency et partout ailleurs, mêlés avec les blessés, ce qui fut on ne peut plus compromettant pour l'état sanitaire de ces derniers.

Il y avait donc, entre Orléans et Blois, une agglomération de 8 à 9,000 blessés et malades, dans une situation d'autant plus pénible qu'il était très-difficile, sinon impossible, de leur assurer une nourriture passable, et que l'insuffisance dans certains endroits du personnel médical, empêchait de leur donner les soins nécessaires. Il en résulta une mortalité fort grande parmi eux, et leur agglomération, ainsi que les maladies contagieuses dont ils furent atteints en nombre considérable, présentèrent un danger très-sérieux pour la salubrité et la santé publiques.

Pour obvier à cette triste situation, M. l'Intendant de Cappe, M. Duboys d'Angers, premier président de la Cour d'appel, président du Comité de la Société de secours du Loiret, et moi, nous nous réunîmes chez Mgr Dupanloup, et nous décidâmes de demander aux autorités allemandes, après leur avoir exposé la situation, l'autorisation d'évacuer sur l'intérieur de la France tous les blessés et malades qui seraient reconnus par leurs médecins hors d'état de pouvoir reprendre le service. (Annexe aux documents n° 13.)

Nous adressâmes cette requête au prince Frédéric-Charles, commandant en chef, dans l'espoir qu'il y souscrirait sans difficulté, vu le précédent de Sédan. Mais la situation politique et militaire de la France ayant totalement changé, ce dont nous pûmes nous apercevoir par la manière différente dont on nous traitait, plusieurs jours s'écoulèrent sans qu'il nous fût fait la moindre réponse. C'est alors que se passa le fait suivant, qui m'ôta la possibilité de continuer mon service.

Le père capucin, supérieur de Besançon, que j'avais installé à Beaugency, et qui s'acquittait de sa tâche avec un très-grand dévouement, fut jeté en prison par l'ennemi, sous l'inculpation d'espionnage. Ayant appris cette arrestation, je me rendis auprès des autorités prussiennes pour le dégager, en me portant garant pour sa personne. Mgr Dupanloup en fit autant de son côté. Cette démarche me valut d'être arrêté à mon tour et envoyé à Kehl, sous escorte d'un gendarme. On ne me rendit la liberté qu'après mon arrivée dans cette ville. J'obtins l'autorisation de rentrer en France, mais par la Suisse.

Tous ces événements, ainsi que les privations et les fatigues que j'avais subies, avaient altéré ma santé, et je fus forcé de faire mon voyage par petites étapes. Dans une de ces étapes, à Bâle, je rencontrai M. Moynier, président du Comité international de Genève, qui me fit voir l'organisation de l'agence de Bâle, bien connue de nos soldats blessés et prisonniers qui se trouvaient en Allemagne, pour les innombrables services qu'elle leur a rendus.

A mon arrivée à Bordeaux, la guerre touchait à sa fin. En effet, très peu de temps après, l'armistice fut conclu, et je revins à Paris.

———

Les terribles événements auxquels j'ai assisté ayant ajouté à mes études antérieures l'expérience des faits, je me permets de vous exposer, M. le Président, en finissant mon rapport, mes impressions générales sur le besoin des réformes à introduire, aussi bien dans l'organisation de la société de secours aux blessés, que dans le service de santé de l'armée. Je les résume de la manière suivante :

Le service de santé en temps de guerre est une œuvre fort complexe qui nécessite une multitude de rouages bien agencés longtemps à l'avance. L'ordre seul, la délimitation exacte des devoirs de chacun et un contrôle sévère peuvent assurer la bonne exécution des différents services.

La responsabilité individuelle bien déterminée qui en résulte, sert de stimulant et constitue la meilleure garantie pour le bien du service. — Malheureusement, le service officiel de l'armée était entièrement désorganisé dès les premiers désastres, au commencement de la guerre, tandis que celui de notre société, créé à la hâte, sans aucun règlement défini, présentait de nombreuses lacunes, qui empêchaient de fonctionner avec une régularité durable.

En effet, malgré les services incontestables que nos ambulances ont rendus sur les champs de bataille et les résultats obtenus, que nous pouvons constater par chiffres, non sans une certaine fierté, nous ne pouvons pas ne pas avouer que le désordre fut grand. Sans instructions, sans aucun contrôle, nos ambulances attachées aux corps d'armée ou libres de toute attache, erraient un peu au hasard, et les services qu'elles ont rendus ne sont dus en grande partie qu'à l'esprit d'initiative, au talent et au courage des chirurgiens en chef qui les dirigeaient.

Les principes qui sont la base de toute bonne organisation, étaient cette fois-ci mal appliqués.

Les hommes spéciaux, comme le docteur Chenu et autres, qui ont fait des écrits remarquables sur le service sanitaire en campagne, connaissant les graves inconvénients de la subordination du service médical à celui de l'intendance, nous ont fait faire un essai entièrement opposé.

Chez nous, le chirurgien en chef avait non-seulement la direction, mais encore la responsabilité de la gestion de son ambulance, sans que fût préalablement définie par un bon règlement la nature des rapports qui devaient être obligatoires pour son chef comptable comme pour lui. Dans les armées allemande et russe, ces rapports sont parfaitement définis par des règlements, dont l'application est fort aisée dans la pratique.

Les ambulances allemandes que j'ai vues fonctionner à côté de nous étaient toutes militaires, et comme telles faisaient partie de l'armée. Elles étaient donc toujours forcées de se trouver à leur poste de combat, recevant des ordres et les exécutant fidèlement. Le service auxiliaire se faisait chez eux par les chevaliers de Saint-Jean, ordre organisé et discipliné militairement. Ils étaient chargés du service des évacuations, et nous avons pu voir et juger par nous-mêmes avec quelle régularité ils s'en acquittaient.

Quant à nous, nous avions des délégués de tout genre qui, après les combats, arrivaient en amateurs, n'ayant la moindre idée de leur mission, ni des services qu'ils étaient appelés à rendre. Il en résultait, de ce côté encore, toutes sortes d'inconvénients, qui ne faisaient qu'augmenter les difficultés.

Les résultats de mon expérience se résument donc de la manière suivante :

1° Le service sanitaire de l'armée doit avoir une organisation entièrement militaire et nullement civile, celui des champs de bataille tout particulièrement ;

2° L'organisation de ce service en France a besoin d'être entièrement refaite ;

3° La Société de Secours aux blessés militaires, quoique ayant rendu à l'armée des services considérables, peut lui en rendre de bien plus grands encore en se renfermant dans des cadres qui lui sont propres, et dont on trouvera plus loin l'exposé.

J'ai rédigé en conséquence un plan général d'organisation du service de santé. Il est le produit des études comparatives de diverses organisations chez d'autres nations qui se sont efforcées d'améliorer graduellement cette importante branche de leurs armées, et que consacre la pratique.

Je vous le soumets donc, Monsieur le Président, dans l'espoir que, si les idées que j'y expose vous paraissent justes, vous les ferez prévaloir pour le bien de l'humanité. Je serai heureux alors d'avoir concouru, pour mon humble part, à des réformes concernant une des branches les plus importantes de l'organisation générale de l'armée. Je me réserve de développer plus tard, dans un travail spécial, les diverses considérations médicales qui m'ont été suggérées par l'expérience de cette campagne, et qui ne sauraient trouver place dans le cadre restreint de ce rapport.

ORGANISATION GÉNÉRALE

DU

SERVICE DE SANTÉ DE L'ARMÉE

Principe capital.

Le principe capital qui doit dominer l'organisation nouvelle est la séparation du Service médical de celui de l'Intendance, qui n'en sera que l'auxiliaire.

PLAN GÉNÉRAL.

PREMIÈRE PARTIE.

ORGANISATION DE LA DIRECTION.

Vu l'énorme quantité de malades et de blessés que traînent après elles les armées en campagne dans les guerres actuelles, le principe prédominant devra être la division du travail, sans préjudice d'une unité dans la direction qui, seule, coordonnera les Services spéciaux.

De ce principe découle le besoin de la formation d'un département du Service de santé près le Ministère de la Guerre, qui sera l'organisateur et le Directeur de tous les Services.

Ce département, à cause de son importance, se composera de cinq à six membres, avec le titre de Médecins généraux.

Services spéciaux.

Les Services sanitaires de l'armée en campagne comportent :

1˙ Le Service sanitaire sur le champ de bataille même ;

2° Les Ambulances nommées divisionnaires, parce qu'elles sont attachées à chaque division au nombre *de trois*, ce qui fait six Ambulances pour chaque corps d'armée ;

3° Le Service général des évacuations des malades et des blessés, organisé et préparé d'avance sur les lignes en arrière des champs de bataille ;

4° Le Service des hôpitaux.

1° SERVICE DE SANTÉ DES CHAMPS DE BATAILLE.

Chaque bataillon sera pourvu d'un médecin, assisté d'une compagnie de 20 hommes pris dans les rangs des combattants et préparés d'avance au service auxiliaire qu'ils auront à remplir. Le médecin et sa compagnie ont le devoir de relever les blessés de leur bataillon au moment où ils tombent. Après leur avoir donné les premiers secours commandés par l'urgence, les amener ensuite à l'Ambulance divisionnaire.

Le matériel de ce service ne doit se composer que des premiers objets de pansement.

2° AMBULANCES DIVISIONNAIRES.

Chaque Ambulance divisionnaire doit se composer de cinq à six médecins, assistés d'un aide pharmacien, de dix infirmiers et d'un officier d'intendance.

Le matériel de ces ambulances se compose de voitures de transport, de brancards, d'instruments de chirurgie, de médicaments et de différents objets de pansement.

Ce service a pour objet, après avoir pris position à proximité des champs de bataille, de recevoir les blessés que les médecins de bataillon, avec leur compagnie sanitaire, leur expédient; de les installer, de faire les opérations et pansements sérieux.

3° ÉVACUATIONS.

Les évacuations consistent dans une vaste organisation du service hospitalier en arrière des armées, sur les lignes ferrées et sur les fleuves qui servent de ligne d'opération aux armées en campagne.

Cette organisation comportera la création des stations de repos, pouvant contenir, selon l'importance des villes où on les établira, de 500 à 2,000 blessés ou malades.

Un Service spécial de médecins et un personnel de l'intendance devront être attachés à chaque station. Ils auront pour mission de présider au service des évacuations, de prévenir les encombrements en évacuant sur les stations plus éloignées des champs de bataille les malades et les blessés transportables, selon les indications et les ordres qui leur seront transmis par le département du Service de santé.

Ces stations pourront, en outre, contenir des dépôts pour le ravitaillement des Ambulances divisionnaires qui, après chaque grand combat, ont leur matériel totalement épuisé.

4° HOPITAUX.

Le Service des hôpitaux se ferait comme par le passé, sauf la division des pouvoirs entre le Service médical et celui de l'intendance.

N. B. — Un Service spécial de médecins consultants, composé des hautes sommités scientifiques, devra être attaché, comme cela se pratique dans l'armée prussienne, aux quartiers généraux pour assister et consulter les chefs d'ambulance dans les cas difficiles.

DEUXIÈME PARTIE.

RAPPORTS DU CORPS MÉDICAL AVEC L'INTENDANCE MILITAIRE.

Le Service sanitaire de l'armée se divise en deux parties :

La première, composée du corps médical ;

La seconde, d'intendants et officiers de l'intendance, spécialement affectés au service de santé, tous agissant sous les ordres d'un intendant général qui, lui-même, doit faire partie du département du Service de santé. Le corps médical aurait la direction médicale, et l'intendant général la direction de son personnel, qui veillera à l'alimentation réglementaire des blessés et malades, à l'achat et à la conservation de toute sorte de matériel.

Ces deux services bien réglementés, leur part de responsabilité bien définie, ne peuvent que se compléter l'un par l'autre sans aucune difficulté dans la pratique.

TROISIÈME PARTIE.

UTILISATION DE LA SOCIÉTÉ DE SECOURS AUX BLESSÉS MILITAIRES.

La nouvelle organisation militaire du pays appellera, sans aucun doute, tous les citoyens valides à être soldats. De plus, l'expérience a démontré les très-grands inconvénients des Ambulances civiles sur les champs de bataille.

Le rôle donc de la Société de Secours aux blessés militaires devra se modifier dans ce sens aussi, en employant ses ressources, en temps de guerre comme en temps de paix, à perfectionner le matériel du service de santé, à faire des dépôts bien pourvus de divers objets nécessaires aux malades et blessés, et à seconder, en général, par tous les moyens dont elle dispose, le Service officiel. En se renfermant dans ce rôle, elle pourra rendre encore de précieux services au pays et à l'humanité.

IMPRIMERIE CENTRALE DES CHEMINS DE FER. — A. CHAIX ET Cⁱᵉ, RUE BERGÈRE. 20, A PARIS — 5334-4

www.ingramcontent.com/pod-product-compliance
Lightning Source LLC
Chambersburg PA
CBHW060748280326
41934CB00010B/2408